AF563106

L44b
1154

DISCOURS

Prononcé par M. de Montmeyan, *premier Avocat-Général à la Cour Impériale,*

(M. le Procureur-Général étant malade)

A L'OCCASION

De la Fête de S. M. l'Empereur ; et de l'inauguration de son Buste au Palais de justice à Aix.

Le 15 Août 1811.

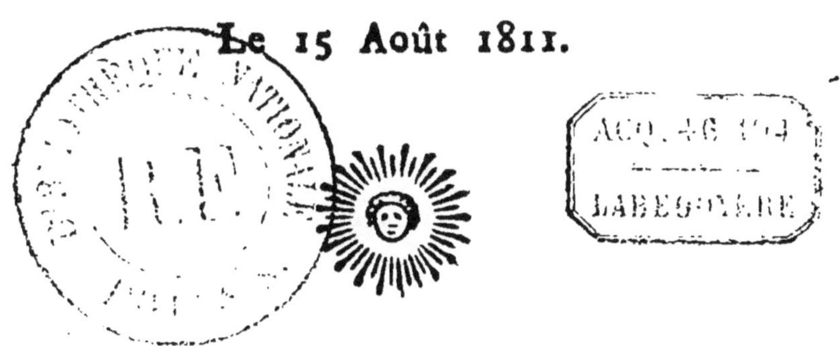

A AIX,

Chez Gaspard et Joseph Mouret, Imprimeurs de la Cour Impériale. 1811

Avec permission.

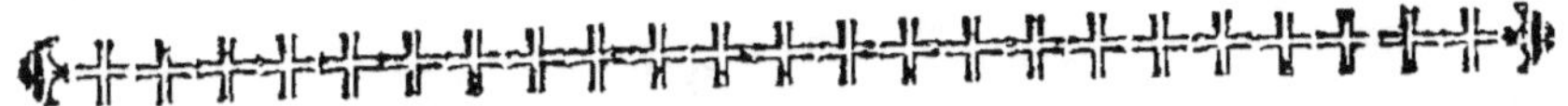

DISCOURS

PRONONCÉ *par M.* DE MONTMEYAN, *premier Avocat-Général à la Cour impériale.*

MESSIEURS,

La Fête religieuse et nationale qui nous réunit aujourd'hui, réveille les mêmes sentimens, excite le même enthousiasme dans toute la France.

De tous les points de ce vaste Empire s'élèvent, en ce moment, des vœux ardens, des vœux universels vers sa puissante protectrice et pour son auguste Régénérateur. Napoléon le Grand a voulu qu'on continuât d'acquitter fidèlement la dette de Louis le juste; et depuis que le Ciel nous a donné ce Héros pour réparer tous nos malheurs, pour ranimer toutes nos espérances, combien n'avons-nous pas de nouvelles graces à lui rendre; combien n'en devons-nous pas attendre de nouveaux bienfaits!

Déja la piété reconnaissante de nos Concitoyens nous attend dans le premier de nos temples; mais avant que nous allions nous réunir à eux, nous avons nous-mêmes à célébrer dans le temple de la justice, une fête qui, pour être plus particulièrement la nôtre, ne laisse pas d'être aussi la fête de la Cité.

Eh! qui pourroit voir d'un œil indifférent le buste chéri de l'Empereur, entrer en triomphe dans le sanctuaire des lois et le consacrer, en quelque sorte, de nouveau par sa présence: ne semble-t-il pas qu'il y vienne présider lui-même à ces décisions souveraines, que vous prononcez en son nom; veiller sans cesse à l'observation, à l'application scrupuleuse de ces lois, son plus magnifique ouvrage, et qui ne le recommanderont pas moins à la postérité que tous les autres prodiges de son règne?

Oui, Messieurs, le titre de Législateur est le premier de tous les titres. De bonnes lois donnent, au Souverain qui les promulgue, un droit plus certain, plus incontestable que tous ses autres bienfaits; j'oserois presque dire, que toutes ses vertus, à l'immortalité la plus glorieuse, à l'éternelle reconnoissance de tous les âges, de tous les peuples.

Il n'y a, en effet, que l'heureuse génération dont il est le père, qui profite de la bienfaisance d'un bon Roi ; il n'y a que la nation privilégiée qu'il gouverne, qui recueille les salutaires effets de sa vigilance et de sa justice.

Eût-il porté la gloire de son nom jusqu'aux extrêmités de l'univers ; en eût-il soumis la meilleure partie par la terreur de ses armes ; en eût-il imposé enfin, par l'ascendant de son génie, à tous les caprices de la fortune ; le tems plus puissant et plus capricieux encore que la fortune, renverse bientôt tout ce qu'il avoit élevé de monumens et de trophées ; efface, en passant, les nouvelles bornes qu'il avoit tracées aux nations et aux empires ; et ensevelit enfin, jusqu'à son souvenir, dans la poussière qui s'élève des débris dont il sème sans cesse son passage.

Mais il n'en est pas ainsi du monarque qui, comme Napoléon, s'est placé au-dessus des Solon et des Numa, comme des Cyrus et des César. Par la sagesse et la justice de ses lois, il règne sur tous les peuples contemporains, et il ne cesse jamais de régner sur toutes les générations à venir ; il est à jamais l'Arbitre, le Juge, le Bienfaiteur, et par conséquent le véritable Souverain de toutes les nations, de tous les siècles ; et cette domination, indépendante du tems et de la force, qu'il ne doit qu'à sa supériorité personnelle, n'est-elle pas la plus noble et la plus belle de toutes les dominations!

Anssi, Messieurs, est-ce celle dont l'Empereur a toujours paru le plus flatté ; eh qui mieux que lui doit savoir apprécier la gloire !

Après avoir épuisé celle des triomphes et des conquêtes, ne s'est-il pas montré plus sensible encore à celle que lui assure déja l'adoption volontaire de ses lois par tous les peuples que leur civilisation et leurs lumières perfectionnées rendent si bons juges en cette matière ; à cette sorte de certitude qu'il a déja, que ces lois continueront de faire le bonheur de la postérité la plus reculée?

Et dans quel tems, au milieu de quelles convulsions, parmi quelles ruines sanglantes a-t-il entrepris d'élever ce superbe édifice, qu'il lui a fallu reconstruire jusques dans ses fondations?

C'est lorsque toutes les notions du juste et de l'injuste étoient de nouveau confondues; lorsque les premiers principes de la morale elle-même, base éternelle et immuable de toutes les lois, étoient méconnus, contestés, désavoués; lorsque la fureur des partis cherchoit à exercer jusques sur elles sa funeste influence, et n'eût pas manqué d'arrêter dans sa route un législateur ordinaire, en supposant qu'elle n'eût pu parvenir à l'en écarter tout-à-fait; lorsque l'excès de la corruption et le fanatisme de la licence étoient parvenus à rendre tout devoir odieux, à faire regarder toute autorité comme ennemie.

Oh! comme dans de pareilles circonstances Solon eût pu faire excuser plus facilement une législation faible et même défectueuse! Qu'il y avoit loin de la légéreté et de l'inconstance des Athéniens, à cet état de dégradation et de délire où nous étions descendus!

Mais, où l'homme ordinaire ne voit que l'impossibilité absolue de réussir, le génie saisit d'un coup d'œil des ressources, des facilités même. Il sent d'ailleurs que ses ressources infaillibles sont en lui; et la conscience de sa propre force lui donne sans cesse ce courage pour entreprendre; cette ardeur, cette constance à persévérer, cette espéran ce, cette certitude de réussir, auxquelles rien n'est en effet impossible.

A ces traits, trop foibles sans doute, vous reconnaissez notre auguste Souverain; et vous savez, sur-tout, si j'ai exagéré les circonstances critiques où il se trouva, quaud la providence elle-même parut l'appeler à l'Autorité suprême.

Il ne s'agissoit de rien moins que de reconquérir et de recréer à-la-fois la france; que de l'arracher à ses ennemis et à ses propres fureurs; que de lui rendre ses mœurs, ses lois, ses autels, sa réputation, et, en quelque sorte, son existence.

Pour opérer tant de prodiges à-la-fois, il a

fallu que l'Empereur se multipliât, en quelque sorte, lui-même. Rarement le Ciel départ tous ses dons au même homme ; et c'est beaucoup, sans doute, que de se montrer successivement Guerrier invincible, profond Administrateur, Législateur sublime; mais déployer tous ces talens dans le même instant; mais songer à tout, pourvoir à tout, et venir à bout de tout, sans que la diversité des objets fasse rien perdre à chacun d'eux, de l'attention particulière qu'il exige, n'est-ce pas quelque chose de plus étonnant encore, de plus rare, de plus inoui?

Ainsi, souvent le même Courier qui nous apportoit la nouvelle d'un triomphe éclatant, nous apportait en même-tems des lois aussi sages qu'importantes. Elles étaient datées du champ de la victoire; elles nous arrivaient couronnées de lauriers, comme les dépêches des Généraux du Peuple-Roi ; mais celles-ci n'annonçaient que des conquêtes dont tout l'éclat ne pouvait faire oublier le sang et les larmes qu'elles avaient coûté ; tandis que celles-là prouvaient au contraire que dans l'ivresse même des plus grands succès, l'Empereur songeait et cherchait encore à réparer, par d'utiles institutions, par des bienfaits durables, les malheurs qu'entraînent toujours les guerres, même les plus heureuses.

Comme les profondes méditations qu'exigeaient

souvent ces lois ne lui faisaient rien perdre de cet instinct héroïque et rapide qui semble le guider, quand il s'agit de combattre et de vaincre; comme elles ne lui dérobaient aucune de ces inspirations heureuses et subites, qui souvent décident, en un instant, de la destinée des Empires; ces lois, à leur tour, ne se ressentaient jamais du tumulte des camps, de l'agitation des armes, de cette espèce d'impétuosité qui décide les succès militaires, et qui, pour commander à la fortune, a besoin de commander si impérieusement aux hommes.

Jamais les lois de Napoléon n'ont rien respiré de cet esprit; jamais, après l'époque désastreuse à laquelle lui seul a mis enfin un terme, nous n'avons vu reparaître ces fatales lois de circonstances, qui fondaient tout-à-coup sur l'Empire, comme un orage dévastateur, et dont tant de lois régénératrices ont à peine réparé les ravages. Le même esprit de modération et de prévoyance a toujours présidé à tous ses conseils, au milieu des périls de la guerre, comme parmi les fêtes de la paix.

C'est ainsi encore qu'il a su se préserver de cet aveugle et orgueilleux esprit d'innovation qui proscrivit indistinctement toutes les anciennes institutions, par cela seul qu'elles étoient anciennes, soit qu'elle en redoutât la comparaison, soit qu'elle crût pouvoir anéantir, d'un seul coup, tout ce qui avoit jamais existé, tout ce que les hommes s'étaient transmis d'expérience et de sagesse.

Ces hommes, qui se croyaient sages et grands parce qu'ils étaient exagérés et vains, auraient peut-être osé reprocher à l'Empereur l'utile emploi qu'il a fait des antiques lois des Romains. Eh! qu'auraient-ils su mettre à côté d'elles? Il n'appartenait qu'à Napoléon de faire entrer d'aussi magnifiques matériaux dans la construction d'un monument plus magnifique encore; lui seul pouvait placer ses propres lois à côté des plus parfaites que l'antiquité nous ait transmises, comme il peut se placer lui-même à côté des plus grands hommes; et d'après ce qu'il a fait, Messieurs, ne semble-t-il pas que tout ce qui s'est fait avant lui, de grand et d'utile, a dû d'avance lui appartenir!

Organe de la loi et parlant à ses ministres, dans son sanctuaire, il était naturel que je me laissasse entraîner au plaisir de vous rappeler quelques-unes des obligations que la Législation française, et j'ose dire la Législation universelle, auront éternellement à l'Empereur. Peut-être d'ailleurs est-ce sous ce rapport que des Magistrats sont plus à portée de l'apprécier.

Mais nous sommes aussi Citoyens, Catholiques, Français enfin; et à tous ces titres, ne lui devons-nous pas le même tribut de reconnaissance?

Quel lustre, quelle réputation, quelle gloire n'a-t-il pas rendu à ce beau nom de français! S'il fut un moment, parmi toutes les nations effrayées de nos excès, un titre de proscription, et peut-être de honte, en quels lieux n'est-il pas devenu aujourd'hui l'objet d'un juste respect, et peut-être d'une jalousie plus juste encore? Quel Souverain a jamais révélé avec tant d'éclat à l'Europe entière le secret de la force invincible et des inépuisables ressources de la France; secret que tant de ligues, de tout tems formées contr'elle, semblaient avoir depuis long-tems pressenti?

La religion, dont il a relevé les autels abattus ou profanés, n'a-t-elle pas proclamé hautement les services signalés qu'elle en a reçus? n'a-t-elle pas recoonuu en lui l'auguste Protecteur que le Ciel semble lui avoir désigné? Et dans ce jour même, dans ce jour si solemnel, n'est-ce pas encore elle qui se charge, qui s'empresse d'acquitter notre dette commune, en appellant sur sa tête les plus abondantes bénédictions du Très-Haut?

Comme citoyens enfin, que ne devons-nous pas à celui qui nous a rendu à tous notre patrie; car dans le désordre, dans la confusion épouvantable où tout étoit tombé, ne paraissait-elle pas également perdue pour tous ses enfans !

Si nos Villes ne sont plus couvertes de débris, si nos champs, rendus à la culture, ne sont pas devenus d'affreux déserts, n'est-ce pas à lui que nous le devons encore? N'est-ce pas lui seul qui a rappellé l'ordre et l'union dans les villes ; la paix et la sécurité dans les campagnes?

Non, il ne fallait pas une main moins ferme, une main moins puissante que la sienne pour retenir la France, et peut-être le monde, sur la la pente rapide qui l'entraînait vers un abyme, d'où elle ne paraissait plus devoir sortir. Et n'avait-on pas fait tout ce qu'on avait pu pour rendre notre perte inévitable et notre réstauration impossible !

Déja la licence et l'anarchie avaient appellé l'ignorance et la barbarie à leur secours; déja celles-ci s'étaient chargées du soin de leur former par-tout ou des complices ou des esclaves, D'un côté, une génération toute pervertie et déja vieillie dans le crime ; de l'autre, une génération naissante qu'on livrait à la corruption par l'enseignement presque public des principes les plus dangereux, ou par l'oubli non moins dangereux de tous les principes. On n'ignorait pas que si l'homme égaré peut revenir quelquefois à la vertu, il n'y a point de ressource pour l'homme abruti, qui n'a même jamais ouï parler d'elle.

Enfin, grace à Napoléon, les Français vont se trouver naturellement replacés sur la route de l'instruction véritable, de la sagesse, de la vertu. Grâce à cette noble et grande création de l'Université impériale, la génération qu'elle prépare fera bientôt oublier nos erreurs et n'héritera que de notre antique gloire.

Ce n'est plus au hasard que nous confions l'espérance de la patrie. C'est la réunion, c'est l'élite de tout ce qu'il y a en France d'hommes éclairés et vertueux, dirigés par le même esprit, et nous offrant tous la même garantie, qui, sous les auspices de la religion et de l'honneur, prend sur elle-même la charge de nous préparer désormais des Magistrats, des Guerriers, des Administrateurs, des Citoyens.

Et si, comme on l'a souvent dit, les regards d'un grand homme fécondent la nature et font, pour ainsi dire, naître sous ses pas les hommes utiles, les hommes estimables qui doivent le seconder, à quelle époque la France a-t-elle dû concevoir de plus justes, de plus grandes espérances !

Quels moyens ne met pas en usage l'Empereur pour éveiller, pour exalter l'émulation, pour la rendre capable de tous les efforts, de tous les prodiges? honneurs, récompenses, dignités, rénommée, tout est promis, tout est prodigué à tous les genres de talens et de services; il n'y a d'oublié que l'homme ingrat qui oublie lui-même d'acquitter la dette sacrée qu'il a contractée en naissant, envers la patrie.

C'est à nous, sur-tout, Messieurs, qui n'agissons, qui ne parlons qu'en son nom; ou plutôt, par qui il agit et parle lui-même, à nous pénétrer de son esprit; à imiter autant qu'il nous est possible son activité, qui suffit à tout, et sa vigilance infatigable.

Il nous a chargés d'acquitter sa dette la plus sacrée; il s'est reposé sur nous, avec une confiance qui nous honore, mais qui nous impose de grands devoirs, de ce qui lui est peut-être le plus cher dans l'exercice de la puissance souveraine, de l'obligation de veiller sans cesse pour lui, et comme il y veille lui-même dans d'autres parties, à la sûreté, à la tranquillité de ses sujets: il faut que cette obligation soit remplie d'une manière digne de lui.

Déja, je dois vous rendre cette justice, il étoit sans cesse présent à vos pensées; une main qui eût ajouté un nouveau prix à ce don, si par lui-même il n'étoit inestimable, vient de le placer sous vos yeux. S'il est impossible que sa présence même puisse augmenter l'ardeur de votre zèle, elle sera du moins, pour vous, un noble et doux encouragement; elle deviendra l'objet d'une espèce de culte pour tous ceux que leurs devoirs ou leurs intérêts appelleront désormais dans le temple de la justice; elle ajoutera à la majesté de ses oracles.

Le Ministre, à qui nous en sommes redevables, n'avoit pas besoin d'acquérir ce nouveau droit à notre reconnaissance, à celle de nos Concitoyens; déja ses vertus privées et ses bienfaits lui avaient conquis l'estime et l'attachement de cette Cité, qu'il aime à regarder comme la sienne.

Je n'ajouterai pas un mot de plus; j'ai à ménager à-la-fois sa modestie et son amour respectueux pour l'auguste Monarque, qui doit seul nous occuper aujourd'hui.

Ne différons pas plus long-tems d'aller unir nos vœux pour lui à ceux de la Cité, à ceux de la France. Le nouveau bienfait qu'il vient d'obtenir du Ciel ne nous est-il pas un sûr garant que ces vœux seront toujours exaucés?

www.ingramcontent.com/pod-product-compliance
Lightning Source LLC
La Vergne TN
LVHW010259230826
846091LV00007B/3052